La ciencia de la CATÁSTROFE

Desastres ecológicos

Steve Parker y David West

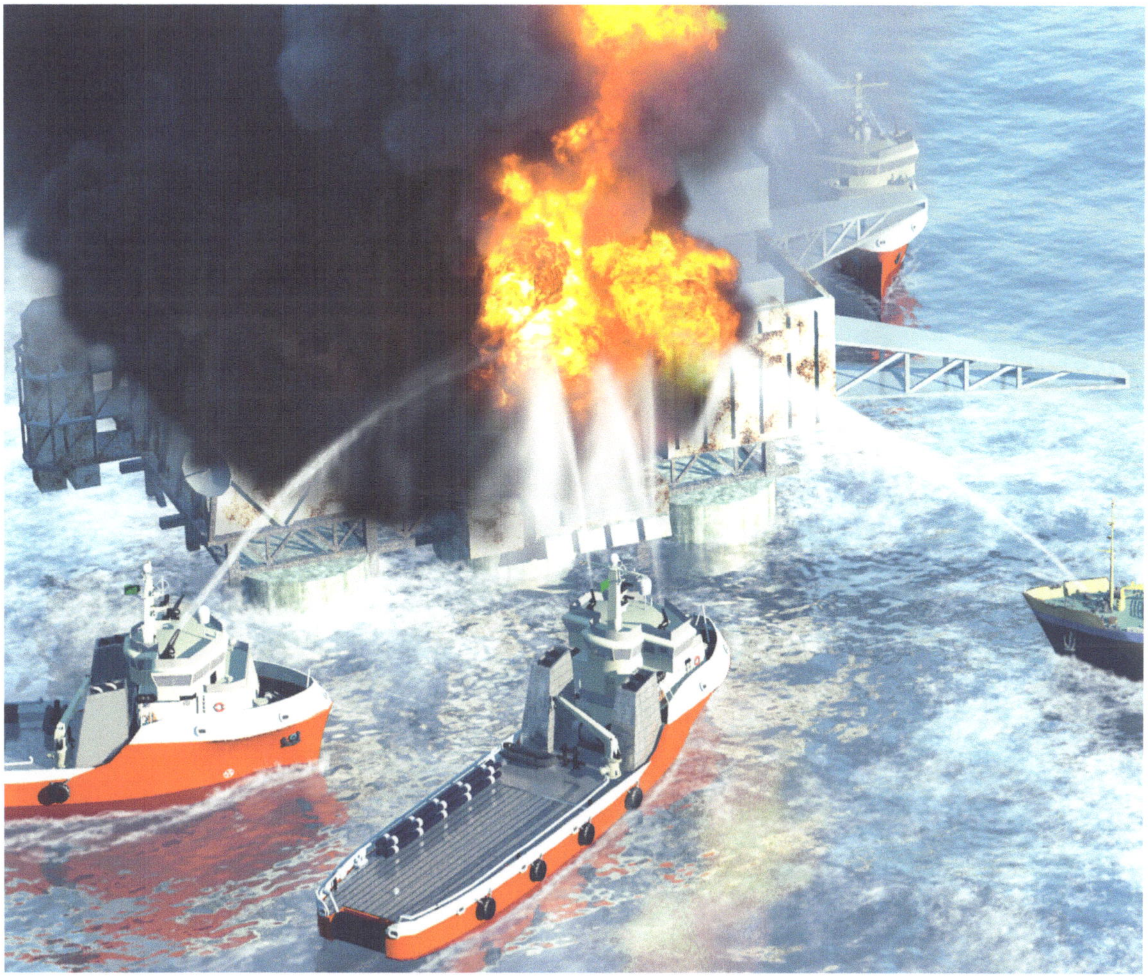

Título de la edición en inglés: *Ecological Disasters*
© David West Children's Books 2012

Designed and directed by David West Children's Books
7 Princeton Court
55 Felsham Road
London SW 15 1AZ

Desastres ecológicos
© Steve Parker y David West, 2013

 Lectorum

D. R. © Editorial Lectorum, S. A. de C. V., 2013
Batalla de Casa Blanca Manzana 147 Lote 1621
Col. Leyes de Reforma, 3a. Sección
C. P. 09310, México, D. F.
Tel. 5581 3202
www.lectorum.com.mx
ventas@lectorum.com.mx

L. D. Books, Inc.
Miami, Florida
ldbooks@ldbooks.com

Primera edición: julio de 2013
ISBN: 978-~~1~~500-924553

D. R. © Diseño, portada e ilustraciones: David West
D. R. © Traducción: Silvia Espinoza de los Monteros González

Impreso y encuadernado en México.
Printed and bound in Mexico.

Contenido

Desertificación

Desde 1930, las granjas de la planicie sufrieron una serie de severas sequías. El suelo había sido laboriosamente trabajada para los cultivos y el ganado. En unos cuantos años, había desaparecido; algo de él voló tan lejos que llegó al océano.

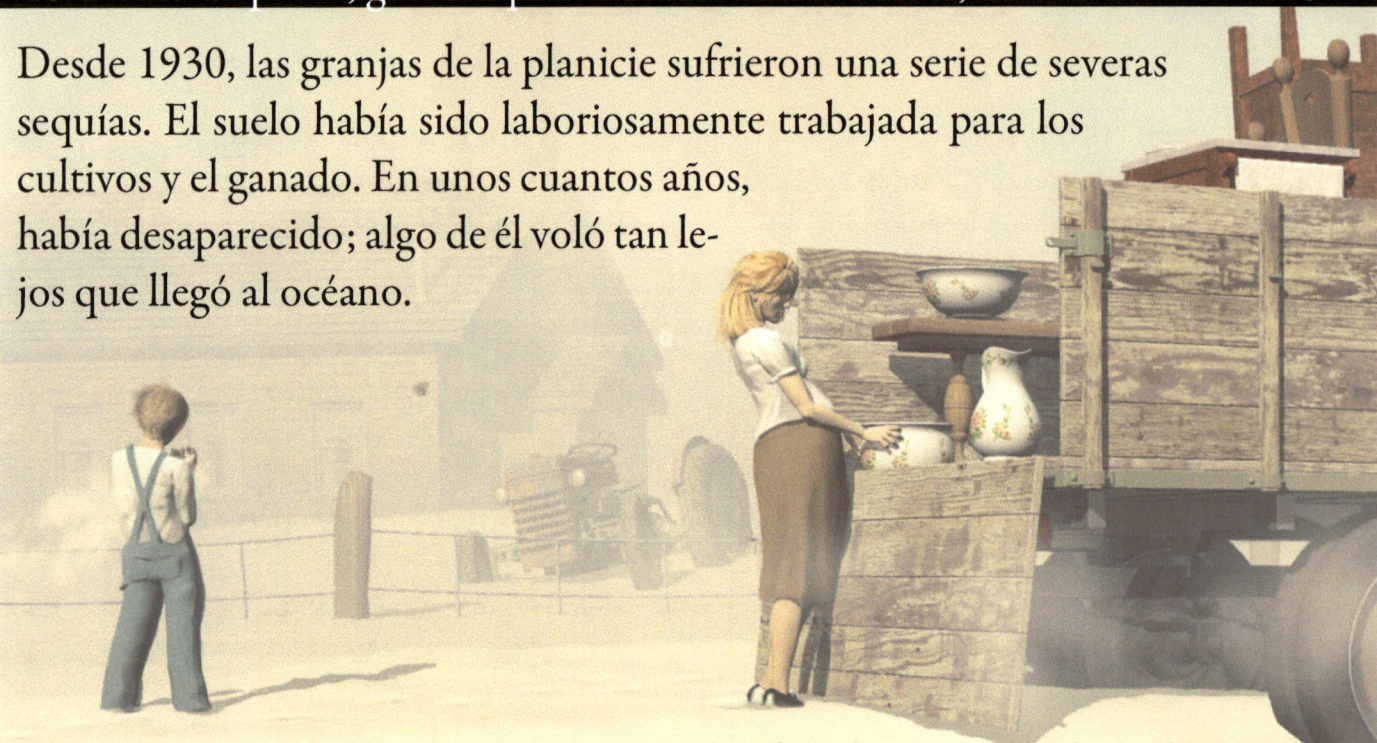

Una familia de granjeros de Oklahoma abandona la tierra azotada por la Tormenta de Polvo y la sequía, y se dirige al oeste, a California. (Representación del artista)

Cuando los pioneros migraron hacia el oeste a través de Norteamérica durante el siglo XIX, se encontraron con enormes pastizales en la planicie que parecían demasiado secos para sus métodos tradicionales de labranza al estilo europeo. Pero para el siglo XX, con las nuevas vías férreas y las carreteras, más colonizadores llegaron, ansiosos por una tierra de su propiedad. El clima en esa época era inusualmente húmedo y muy lluvioso. Los campos arados, el ganado y los rebaños se extendieron rápidamente. La tierra parecía llena de bondades y las viejas ideas, como la **rotación de cultivos** para preservar sus nutrientes, desaparecieron.

En 1930, los años de sequía comenzaron. Sin los pastos naturales que conservaran la humedad durante meses y años, la tierra comenzó a secarse. Los profundos surcos, los cultivos y los animales de pastoreo se habían acabado los nutrientes. Cuando los vientos regulares recorrieron la región, recogieron y arrastraron pequeñas partículas de tierra, como el polvo y la arena del desierto. Toda la región se convirtió entonces en un enorme "vasija" de arena.

Durante las peores tormentas de polvo, el cielo matinal era oscuro. Las personas sólo podían ver a una distancia de unos cuantos metros. El polvo volaba y se adhería a todo. Para 1935, éste había llegado muy lejos, hasta la Costa Este, hacia el Océano Atlántico. Los granjeros, hambrientos y arruinados, empacaron sus pocas posesiones y se fueron en busca de alimento y trabajo a otra parte. Para 1940, más de 2.5 millones de estadounidenses sin hogar abandonaron la región de las Grandes Planicies. Lamentablemente, la transformación de buena tierra en un polvoriento desierto actualmente sigue sucediendo, especialmente en África.

La ciencia de la desertificación

Cada región o **hábitat** posee su propia vegetación y **ecología**, con plantas que se adaptan bien a las condiciones. Los pastos de la planicie son apropiados para un clima ventoso y seco. Los tallos del pasto y las densas raíces absorben y conservan la escasa humedad y mantienen la tierra en su sitio a pesar de los fuertes vientos que azotan a través del terreno abierto. Los inadecuados métodos de labranza aran los perdurables pastos naturales, destruyen sus tallos y producen cosechas de corta duración que pronto son segadas, dejando la superficie al descubierto. El ganado y otros animales se alimentan de los pastos hasta que éstos mueren. El suelo se vuelve árido, suelto, polvoso y es fácilmente arrastrado por los fuertes vientos.

1. En las planicies naturales, los pastos bien adaptados y su red de gruesas raíces mantienen el suelo húmedo y firme. El viento no puede arrastrarlo

2. La labranza intensiva ara el suelo cada año y reduce sus nutrientes. Demasiado ganado de pastoreo también remueve la capa natural de pasto

3. Sin los pastos naturales y sus tallos, el agua se seca rápidamente y el suelo se convierte en polvo. Los vientos que barren pronto arrastran las partículas sueltas

Barcos bomba hacen frente al fuego en el Deepwater Horizon. (Representación del artista)

Derrame de petróleo

Deepwater Horizon, Golfo de México, 2010

El 20 de abril de 2010, aproximadamente a 65 kilómetros (40 millas) de la costa de Louisiana, en Estados Unidos, el *Deepwater Horizon* se encontraba perforando un pozo para buscar petróleo. Un repentino incendio mató a once trabajadores, hirió a dieciséis y provocó uno de los peores derrames de petróleo jamás ocurrido.

Justo antes de las 10:00 horas, un chispazo de gas natural en la varilla de sondeo provocó un incendio y una explosión en la plataforma de perforación. Los ciento quince sobrevivientes (incluidos los heridos) fueron rápidamente rescatados; sin embargo, los bomberos no lograron contener las llamas y la plataforma se hundió el 22 de abril. El cabezote del pozo debió haberse cerrado automáticamente, pero una serie de problemas de reducción de gastos y de ahorro de tiempo había resultado, entre otros problemas, en que el bloqueador de chispa estuviera defectuoso. Dos días después, los guardacostas reportaron un derrame de petróleo. Éste cubrió el lecho marino, formando gigantescas capas aceitosas que se desplazaban hacia la costa.

Los diferentes intentos por sellar la fuga fracasaron, ya que se filtraban diariamente 9.8 millones de litros (2.6 millones de galones). El 15 de julio, el cabezote de pozo fue sellado con un tope temporal, logrando su obturación final el 19 de septiembre. A pesar de los masivos esfuerzos de limpieza, la oscura y espesa sustancia viscosa devastó la ecología silvestre en el mar y la costa, a la industria pesquera, las granjas de camarón y los centros vacacionales —y seguirá haciéndolo durante muchos años más.

La ciencia de los derrames de petróleo

El *Deepwater Horizon* era una plataforma de perforación de 122 metros de largo (400 pies), semisumergible, que exploraba las reservas de petróleo en un área conocida como el Proyecto Mocando. Debido a una serie de fallas, una nube de gas natural a alta presión subió por la varilla de sondeo y se esparció a lo largo de la plataforma. Al contener metano y otros gases **inflamables**, provocó una explosión y un feroz incendio. Dos días después, toda la plataforma de perforación se hundió, lo que permitió que el cabezote de pozo que se encontraba sobre el lecho marino dejara escapar petróleo espeso y pegajoso.

1. La presión sobre el lecho marino y dentro de las capas de roca provoca que el petróleo suba por el tubo ascendente

2. Una burbuja de gas se libera en la plataforma y una chispa provoca la explosión

3. La plataforma de perforación se hunde, el petróleo se derrama, a través del cabezote de pozo defectuoso, sobre el lecho marino

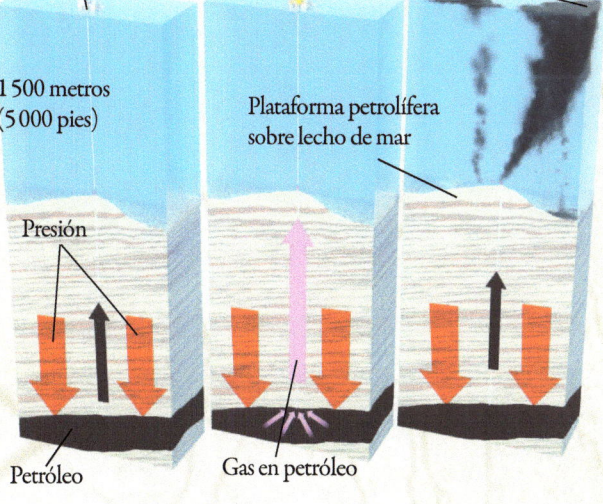

Plataforma de perforación

Capas resbalosas de petróleo

1 500 metros (5 000 pies)

Presión

Plataforma petrolífera sobre lecho de mar

Petróleo

Gas en petróleo

Los leñadores cortan y despejan otra sección de la no tan vasta Selva Amazónica. (Representación del artista)

La ciencia de la pérdida de bosques

Los bosques tropicales son parte vital del **ecosistema** mundial. Sus árboles absorben el dióxido de carbono (CO_2), disminuyendo así la cantidad de este importante **gas de efecto invernadero** en la atmósfera y produciendo el oxígeno (O_2) que todos los seres vivos requieren. Los árboles también absorben las repentinas tormentas, evitando así las inundaciones, y liberan el agua lentamente en forma de vapor; sus raíces también estabilizan el suelo. La deforestación destruye todos estos beneficios.

8

Deforestación

Las personas han dependido desde hace mucho tiempo de los bosques para obtener alimentos, materiales de construcción, medicamentos y resguardo. Sin embargo, en el actual mundo sobrepoblado e industrializado, los bosques desaparecen en una proporción aterradora, en especial los puntos calientes donde se concentra la imponente selva.

Las selvas tropicales son conocidas como los **puntos calientes de biodiversidad**. Éstas albergan una mayor gama o diversidad de plantas y animales que cualquier otra región de la Tierra, con más de la mitad de las especies conocidas. Hace aproximadamente ciento cincuenta años, estos bosques cubrían una séptima parte de la superficie terrestre. Desde entonces, más de la mitad ha desaparecido. La proporción de pérdida actual corresponde a un área del tamaño del estado de Nueva York cada año. Si esta deforestación continúa, la gran mayoría podría desaparecer en cincuenta años.

Una de las principales causas de la deforestación tropical provocada por el hombre es la tala de árboles para la obtención de madera de construcción, así como la perforación de pozos, canteras y minas para la obtención de petróleo, carbón y minerales, así como el desmonte de terrenos para cultivos y ganadería, incendios y despeje para la construcción de carreteras, poblados, fábricas y casas. A menudo, todo esto se combina. Los leñadores se mudan con el objeto de obtener madera para la construcción y los residuos son incendiados; también llegan los ganados y cultivos, como los árboles de aceite de palma. Con frecuencia, estas actividades son ilegales; sin embargo, los funcionarios ignoran los daños ocasionados, ya que reciben pagos y favores por parte de los leñadores, hacendados, granjeros y mineros. No sólo se pierden los bosques, con ellos también se pierden sus miles de sorprendentes criaturas y plantas, lo que resulta trágico. Hay considerables efectos sobre la ecología de la región: se incrementa la erosión, hay inundaciones, se altera el clima local y se da el cambio climático a largo plazo.

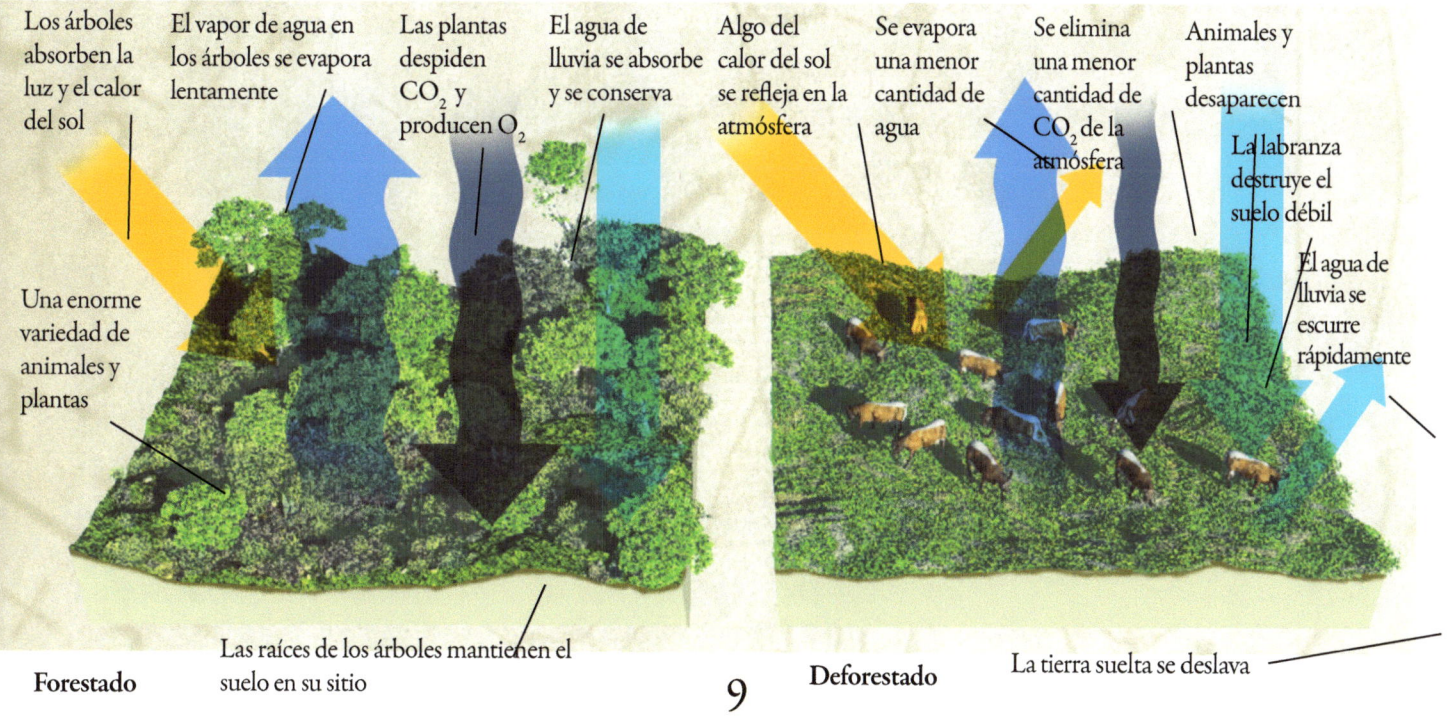

Los árboles absorben la luz y el calor del sol

El vapor de agua en los árboles se evapora lentamente

Las plantas despiden CO_2 y producen O_2

El agua de lluvia se absorbe y se conserva

Algo del calor del sol se refleja en la atmósfera

Se evapora una menor cantidad de agua

Se elimina una menor cantidad de CO_2 de la atmósfera

Animales y plantas desaparecen

La labranza destruye el suelo débil

El agua de lluvia se escurre rápidamente

Una enorme variedad de animales y plantas

Forestado

Las raíces de los árboles mantienen el suelo en su sitio

Deforestado

La tierra suelta se deslava

Sobrepesca

Atún de aleta azul, Atlántico Norte, de los años 70 en adelante

"Hay muchos peces más en el mar." Pero no por mucho tiempo. Reservas, o cifras, de muchos importantes peces comestibles han disminuido enormemente. Ya no vale la pena que barcos pesqueros los busquen; y algunas reservas quizá nunca se recuperen.

En todos los océanos del mundo es muy difícil atrapar peces. En el Mar del Norte de Europa, las reservas de bacalao, arenque, macarela, platija y lenguado han disminuido en cincuenta años. Al suroeste del Océano Pacífico, la industria de las anchoas de Perú se desplomó durante los años 70. En los Grandes Bancos al noroeste de Norteamérica, las reservas de bacalao se colapsaron durante los años 90. En la década de 2000, los tiburones, rayas y esturiones del mar de China Oriental eran muy difíciles de encontrar. Y existen casos similares alrededor del mundo que se deben a muchas causas. La demanda aumenta, porque una mayor cantidad de personas recurren al pescado como un alimento saludable y los usos de los residuos de la carne de pescado se han incrementado, desde alimento para mascotas hasta fertilizantes.

Los barcos pesqueros son más grandes y veloces y cuentan con equipos como el **sonar** y el **GPS** para localizar a su presa. Las redes de arrastre en forma de bolsa barren el lecho marino, escom-

Otra flota pesquera se dirige al Atlántico para matar otro centenar de atún de aleta azul. (Representación del artista)

brando casi todo y dejando zonas áridas a su paso. Las gigantescas redes de desplazamiento en forma de cortina, cuelgan en el océano, atrapando cualquier forma de vida marina. Las guías tienen una longitud en millas y contienen miles de anzuelos.

Todos estos métodos ocasionan una terrible **captura incidental** de animales no requeridos, como aves marinas, tortugas, delfines, marsopas, ballenas, focas, tiburones y otros peces de rapiña que buscan la misma fuente alimenticia. Y mientras más peces se atrapan, mayor es el hambre de estos grandes cazadores.

En el Atlántico, el atún aleta azul está siendo pescado hasta la extinción. Desde la década de 1970 su número se ha desplomado en nueve décimas. Al igual que el platillo japonés sashimi y el atún enlatado, una amenaza adicional es la captura de las crías para criarlas en las granjas de peces o piscifactorías. Esto deja muy poco atún libre para reproducirse y conservar la especie.

La ciencia de las cadenas alimenticias oceánicas

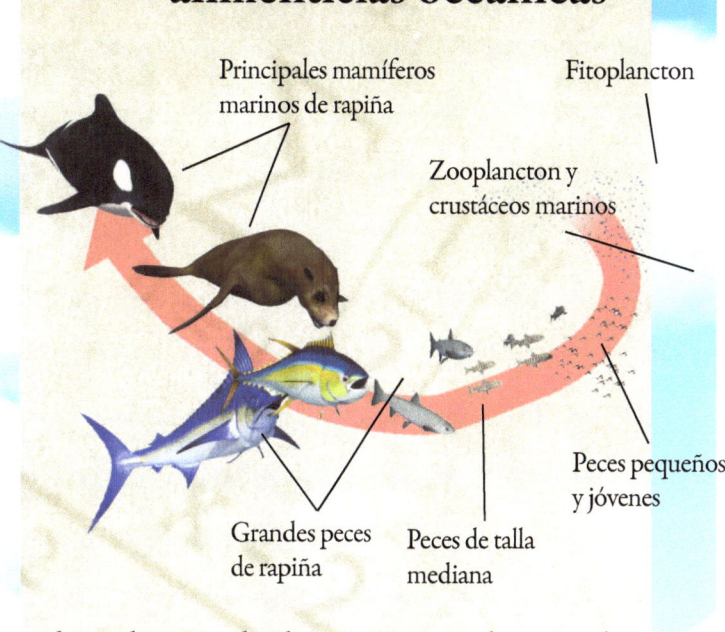

Principales mamíferos marinos de rapiña

Fitoplancton

Zooplancton y crustáceos marinos

Peces pequeños y jóvenes

Grandes peces de rapiña

Peces de talla mediana

Al igual que todas las criaturas en la naturaleza, los peces forman parte de complicadas **cadenas alimenticias** de las que depende la vida. Estas cadenas comienzan a partir de las plantas que atrapan la energía luminosa del sol. En mar abierto las plantas son un fitoplancton microscópico ("desplazadores de plantas"). Éste es consumido por diminutos animales como el zooplancton y pequeños crustáceos parecidos al camarón. A su vez, éstos son devorados por peces más grandes y otros animales, como la medusa y el marisco, y así sucesivamente hasta llegar a los cazadores más grandes, como el atún, el pez espada, los tiburones y las ballenas asesinas. Si desaparecen demasiados peces de mediana talla, las cadenas alimenticias se desintegran y todo el ecosistema sufre las consecuencias.

Hambruna

La gran hambruna china, 1958-1962

Durante una hambruna, algunas personas no fallecen simplemente por falta de comida, sino por infecciones y otras enfermedades contraídas por la mala nutrición. La hambruna más severa del siglo pasado ocurrió en China. Ésta fue ocasionada no sólo por sequías, inundaciones, malas cosechas y desastres ecológicos, sino también por cuestiones políticas.

Durante las décadas de los años 50 y 60, China sufrió enormes cambios que siguieron la idea política llamada *comunismo*. Las propiedades privadas y las ganancias personales fueron vistas con malos ojos. La gente compartía todo, siguiendo las órdenes del Gobierno, y trabajaba para el bien común en grupos conocidos como *comunas*. La industria fue favorecida por trabajadores a quienes se les ordenó trasladarse de las granjas a las fábricas.

Esto afectó seriamente la producción de alimentos. Asimismo, muchas personas no vieron ninguna ganancia personal por sus esfuerzos, así que trabajaron con menor empeño. Una nueva idea de labranza consistía en colocar plantas de cultivo muy juntas, pero esto simplemente provocó que las plantas se debilitaran y murieran. Entonces, llegaron tres años de desastres naturales. En 1958, las inundaciones azotaron gran parte del sur. Al año siguiente, las inundaciones devastaron grandes áreas alrededor del Huang He (el Río Amarillo), al noreste de China. En

1960, más de la mitad del país ya había sido afectado por las terribles sequías. Estos desastres empeoraron debido a que los funcionarios del Gobierno seguían las órdenes tan estrictamente, que la gente moría de hambre afuera de las resguardadas bodegas donde se almacenaba el alimento.

A fin de combatir la hambruna, los expertos inventaron la Campaña de las Cuatro Plagas para matar mosquitos, moscas, gorriones y ratas. Pero al matar a los gorriones se alteraron las **redes alimenticias** y se alteró la ecología y el equilibrio de la naturaleza. Eso permitió que las plagas se multiplicaran y dañaran las cosechas aún más. En 1960 y 1961, las plagas de langostas agravaron todavía más los desastres. Nadie sabe cuántas personas sufrieron, pasaron hambre y finalmente murieron. Fueron, por lo menos, veinte o quizá más de treinta millones.

Una familia de granjeros intenta en vano perseguir a los pájaros de rapiña durante la Gran Campaña de Gorriones —sin darse cuenta de que esto empeora su situación. (Representación del artista)

Gorrión

La alimentación incluye pequeñas cantidades de cosechas

Cosecha

Las principales fuentes de alimento son insectos y larvas

Ya sin los gorriones, las langostas se reproducen y se comen más cosechas

Langosta

La ciencia de las redes alimenticias

Muy pocos animales comen un solo tipo de alimento. La mayoría come más variedad de alimentos, en especial a lo largo de las diferentes temporadas del año. Esto une a las cadenas alimenticias con las redes alimenticias. En China, durante la Gran Campaña del Gorrión, entre 1958 y 1960, las personas fueron exhortadas a disparar, atrapar, envenenar y destruir a los gorriones, sus nidos y sus crías. Sin embargo, los gorriones se alimentan más de insectos, incluyendo a las plagas de las cosechas, que las cosechas mismas. Al eliminarlos, se alteró la red alimenticia a tal grado, que plagas, como las langostas, proliferaron.

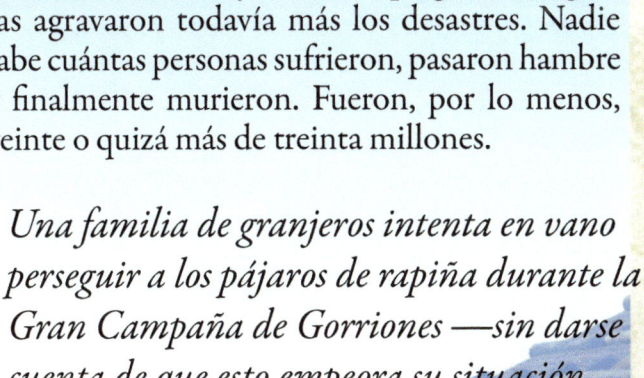

Calentamiento global

Derretimiento de las capas de hielo, Ártico y Antártida, en curso.

La Tierra ha tenido desde hace mucho tiempo un efecto invernadero natural. Sin éste, el promedio de las temperaturas en el mundo estaría por debajo del punto de congelación. El problema está en que el uso de la energía moderna está haciendo el "invernadero de la Tierra" más caliente, con terribles perspectivas.

El efecto invernadero natural de la Tierra consiste en el efecto de conservación del calor de los gases que se encuentran en su atmósfera. Sin éste, el promedio de las temperaturas en el mundo estaría por debajo del punto de congelación, aproximadamente menos 18 grados Celsius (0 grados Fahrenheit). A partir de que terminó la última Era Glaciar, hace aproximadamente doce o diez mil años, el efecto ha mantenido las temperaturas de largo plazo bastante estables. Pero esto ha cambiado en los últimos dos siglos. Los seres humanos están liberando una mayor cantidad de dióxido de carbón, CO_2, en la atmósfera.

Este viene principalmente de la quema de combustibles, como la gasolina de los automóviles, el diésel de los camiones y el queroseno de los aviones, así como del carbón, aceite, gas natural y la leña en las casas, las plantas de hierro y acero, hornos, fábricas y generadores de energía. Este CO_2 adicional se combina con otros gases invernadero, como el metano, que proviene de los desechos de un número cada vez mayor de vacas, borregos y cerdos. Todo esto da como resultado que las temperaturas en el mundo se estén elevando, lo que se conoce como *calentamiento global*.

Varados sobre pequeños témpanos que se derriten, los osos polares buscan un lugar donde descansar y recuperar fuerza. (Representación del artista)

Los expertos prevén que en este siglo, la temperatura podría alcanzar de 1.5 a 6 grados Celsius (2.7 a 11 grados Fahrenheit), dependiendo de cuánto CO_2 y otros gases produzcamos. La elevación de la temperatura ya está derritiendo los casquetes polares y los glaciares muy rápido. El agua de los deshielos fluye hacia el mar, provocando que su nivel aumente. Los témpanos derretidos no afectan el nivel del mar, pues éstos ya se encuentran en el mar. Pero, como la mayoría de las sustancias, el agua de mar aumenta o se expande al calentarse. Su nivel podría aumentar 30 centímetros (12 pulgadas) en cincuenta años y cubrir las ciudades costeras, riberas y tierras de cultivo. Cuando los océanos, la tierra y la atmósfera se calientan, afectan el clima. Los probables cambios incluyen los patrones alterados de los vientos, las nubes y la lluvia, y muy probablemente un clima extremoso como huracanes, inundaciones y sequías.

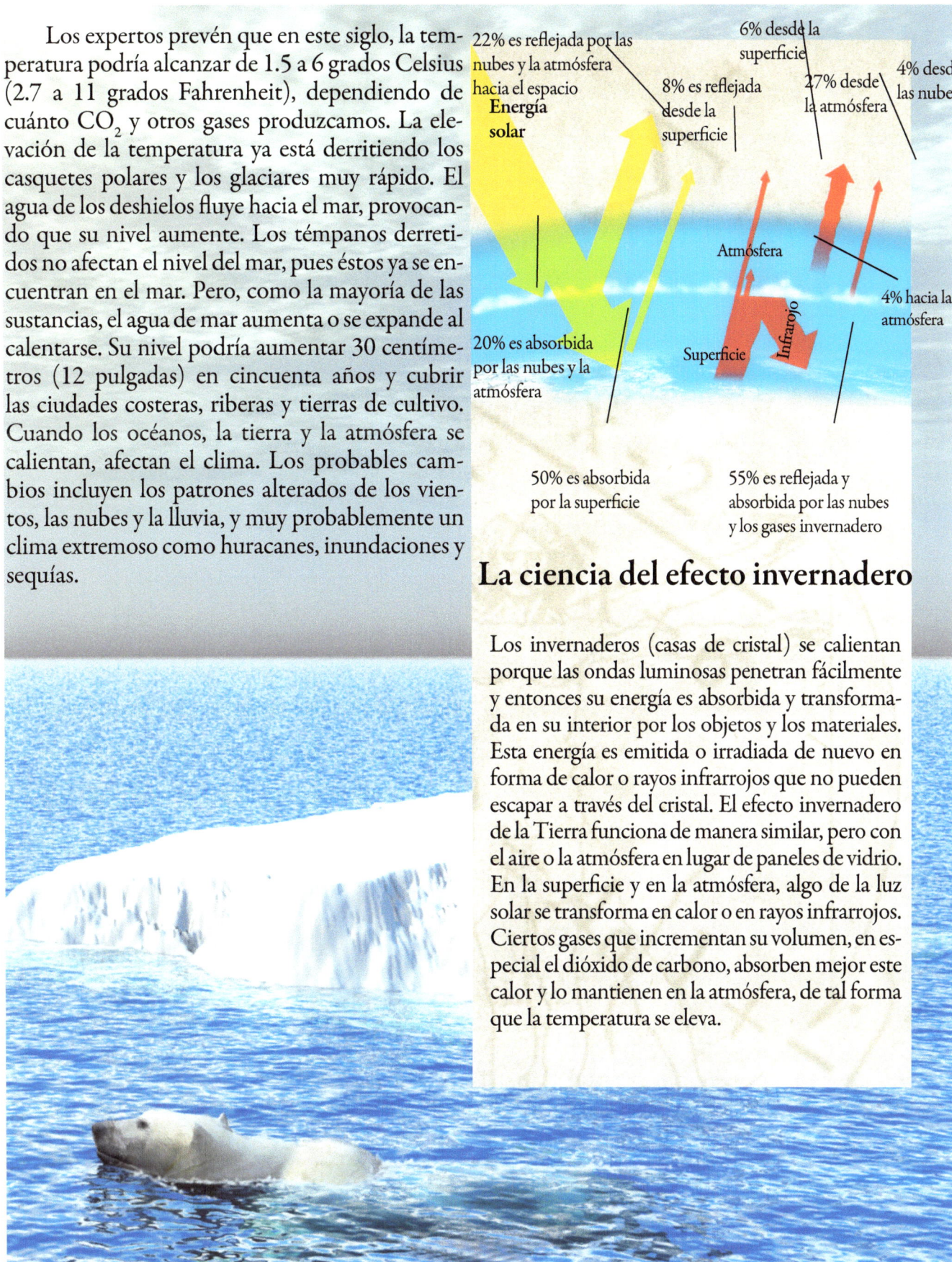

22% es reflejada por las nubes y la atmósfera hacia el espacio

Energía solar

6% desde la superficie

8% es reflejada desde la superficie

27% desde la atmósfera

4% desde las nubes

Atmósfera

4% hacia la atmósfera

Superficie

Infrarrojo

20% es absorbida por las nubes y la atmósfera

50% es absorbida por la superficie

55% es reflejada y absorbida por las nubes y los gases invernadero

La ciencia del efecto invernadero

Los invernaderos (casas de cristal) se calientan porque las ondas luminosas penetran fácilmente y entonces su energía es absorbida y transformada en su interior por los objetos y los materiales. Esta energía es emitida o irradiada de nuevo en forma de calor o rayos infrarrojos que no pueden escapar a través del cristal. El efecto invernadero de la Tierra funciona de manera similar, pero con el aire o la atmósfera en lugar de paneles de vidrio. En la superficie y en la atmósfera, algo de la luz solar se transforma en calor o en rayos infrarrojos. Ciertos gases que incrementan su volumen, en especial el dióxido de carbono, absorben mejor este calor y lo mantienen en la atmósfera, de tal forma que la temperatura se eleva.

Plástico en los océanos

Los plásticos son increíblemente útiles, y terriblemente dañinos. La mayoría no se deshace o descompone de manera natural. Los pedazos permanecen por ahí durante cientos o miles de años. Millones de ellos están dando vueltas en el Pacífico Norte.

Los océanos del mundo están siempre en movimiento. Hay muchos flujos grandes que se llaman *corrientes*. Y más grandes aún son los cinco principales giros, que son enormes corrientes circulantes a una escala global. El Giro del Pacífico Norte rota en el sentido de las manecillas del reloj alrededor de una extensa área cuyo centro de encuentra aproximadamente en las Islas de Hawái. Sus aguas recogen todo tipo de basura acumulada y desperdicios que vienen de las costas del Pacífico de Asia Oriental y Norteamérica, que van desde árboles arrastrados por los ríos hasta desechos y contaminantes provenientes de playas y puertos, así como chatarra que es lanzada por la borda al mar. El giro tiene un efecto concentrador, convirtiendo la masa de basura en una capa flotante de hasta 3 200 kilómetros (2 000 millas) de extensión. Algo de esta basura, como los sobrantes de comida, madera y algas marinas, se descompone de manera natural. La mayoría de los plásticos, como las bolsas, las botellas, el cordel y las boyas resisten la descomposición. Gradualmente se rompen en pequeños pedazos del tamaño de granos de arroz y aun más pequeños. Estos pedazos flotan en lo más alto, a 1 o 2 metros (unos cuantos pies) del agua. Algunas criaturas como los peces, las aves marinas, las tortugas, los delfines y las ballenas se comen los objetos, que confunden con alimento, y sufren una muerte lenta.

La ciencia del Gran Giro del Pacífico

Las corrientes oceánicas son provocadas por una mezcla de vientos, los efectos de calentamiento del Sol, las mareas, la forma de las costas, la profundidad y las características del lecho marino y el movimiento de rotación de la Tierra, incluyendo el **efecto Coriolis**. El Giro del Pacífico Norte combina cuatro corrientes: Kuroshio, Pacífico Norte, California y Ecuatorial del Norte. Estas corrientes se hacen más lentas cerca del centro del círculo, permitiendo que la basura se acumule.

Norteamérica
Corriente de Oyashio
Corriente de Alaska
Japón
Corriente del Pacífico Norte
Corriente de California
Corriente de Kuroshio
Parche de basura en el Pacífico Norte
Giro del Pacífico Norte
Hawái
Corriente Ecuatorial del Norte
Nueva Guinea
Océano Pacífico
Contracorriente ecuatorial

16

Una tortuga marina se come una bolsa de plástico que confunde con una medusa. Pronto la tortuga estará muerta. (Representación del artista)

Proliferación de algas

Muerte de ciento siete delfines, Golfo de México, 2004

También conocida como *mareas **tóxicas*** o *mareas rojas,* la proliferación de algas es el crecimiento excesivo de pequeñas y sencillas plantas acuáticas llamadas *algas,* así como de organismos vivos similares. Las sustancias dañinas que crean se introducen en las cadenas alimenticias, provocando un daño mortal.

Gran parte de la vida en el mar depende finalmente de la baja captura de fitoplancton, el que está constituido por diminutos organismos vivos que flotan, tales como las diatomeas, protistas y las algas azul verdosas (que no son verdaderas algas, sino organismos vivos conocidos como *cianobacteria*). En la naturaleza son pocos por la cantidad de nutrientes, minerales y sales en las aguas que los rodean. Los problemas surgen cuando hay un exceso de nutrientes, minerales y sales provenientes de fertilizantes, aguas residuales y otras fuentes en la tierra. Algunos fitoplancton se multiplican rápidamente, creando cantidades extraordinarias de sus propias sustancias de desecho. Éstas pueden resultar dañinas o tóxicas para otros seres vivos, como los peces, los crustáceos y los mamíferos marinos. También pueden manchar el agua de rojo o café.

En la primavera de 2004, ciento siete delfines nariz de botella y muchos peces murieron a lo largo de las costas de Florida, Estados Unidos, debido a una marea roja. Los delfines habían comido peces llamados *sábulos.* Éstos, a su vez, se vieron afectados por el fitoplancton que produjo altos niveles de una neurotoxina llamada brevetoxina B. La toxina se había incrementado o concentrado a lo largo de la cadena alimenticia, afectando el cerebro y el sistema nervioso de los delfines.

La ciencia de las dañinas proliferaciones de algas (DPAs)

Sustancias como los nitratos y los fosfatos son utilizadas comúnmente como fertilizantes agrícolas. Estas sustancias son arrastradas por la lluvia a lo largo del suelo hacia los ríos y fluyen, entonces, hacia el mar, lo cual se conoce como **escorrentía agrícola**. Otra fuente de excesivos nutrientes son las aguas residuales no tratadas y que son arrojadas al mar. Estas sustancias estimulan la proliferación o el crecimiento excesivo del plancton. Dos de las toxinas más conocidas son la brevetoxina B, hecha a partir de la *Karenia brevis*, un protista (organismo vivo de una sola célula), y el ácido domoico, producido a partir de la *Pseudo-nitzchia*, una diatomea (alga de una sola célula o planta simple).

El río arrastra escorrentía de las tierras de cultivo que contiene nitratos (de los fertilizantes) y fosfatos (de las aguas residuales) hacia el mar

Nitrógeno de la atmósfera

Luz solar

Proliferación de algas

La proliferación de algas bloquea la luz solar; el agua marina que hay debajo carece de oxígeno y los crustáceos y otros organismos mueren

Bañistas hacen un trágico descubrimiento de más de cien delfines muertos y moribundos en la costa de Florida. (Representación del artista)

Especies invasoras

La lista de plantas y animales que son extraídos de sus hogares naturales para multiplicarse y causar estragos en un nuevo hábitat se incrementa cada año. Australia ha sufrido enormemente por estas especies invasivas, en especial la del familiar conejo.

En la mayoría de las áreas silvestres, la mayor parte del tiempo, las plantas y los animales de la región viven en un equilibrio natural. Sin embargo, en un hábitat nuevo y diferente, pueden faltar las restricciones naturales que limiten su número. Una especie nueva o ajena puede reproducirse sin ser registrada y convertirse en una especie invasora, provocando daño masivo a la ecología local. Los conejos fueron llevados a Australia por los primeros pobladores europeos durante la década de 1780, probablemente como alimento. No parecían causar muchos problemas hasta que un pequeño grupo, que fue enviado desde Inglaterra, fue liberado en una granja al sur del país en 1859. El granjero, Thomas Austin, decía: "La introducción de unos cuantos conejos puede causar poco daño y puede dar un toque de hogar, además de un blanco para cazar". Con gran cantidad de alimento, tierra suave para sus madrigueras, inviernos cálidos y sin sus depredadores naturales, los conejos se reprodujeron y se diseminaron por todo el sur y este de Australia. Devastaron extensas áreas de tierras de cultivo y de arbustos naturales. Se les disparó con armas, fueron envenenados y atrapados, pero sin efecto alguno. Su número alcanzó los seiscientos millones. Durante los años 50, se introdujo deliberadamente una enfermedad del conejo conocida como mixomatosis, como una forma de **control biológico**. Esto ayudó a reducir su número, pero algunos conejos, desde entonces, se han vuelto resistentes a la enfermedad.

Los conejos devastaron la ecología natural del campo australiano. (Representación del artista)

La ciencia de las especies invasivas

Los controles naturales en una especie en su hábitat natural incluyen el alimento y agua limitados, diversas enfermedades, restricción en el espacio de supervivencia y en las guaridas, competencia con otras especies que poseen las mismas necesidades ecológicas y los depredadores. Los conejos escaparon a muchos de estos controles cuando llegaron a Australia. Los zorros rojos también fueron llevados desde Europa hasta Australia, en parte para la cacería y en parte para el control de los conejos; pero también los zorros se han diseminado y devastado la vida silvestre de la región, al alimentarse de las especies locales.

Los conejos se comen las plantas, dejando menos alimento para las especies locales y conduciendo a la desertificación

Los animales de granja pierden tierra de pastura

Las madrigueras producen un suelo suelto e inestable

Los bancos se deslavan más fácilmente, debido a los túneles de las madrigueras

Las especies locales se desplazan o se extinguen

Los peces muertos contaminan el río Rhin, que ha sido teñido de rojo por los derrames químicos provenientes de un centro de almacenamiento perteneciente a la empresa Sandoz. (Representación del artista)

Contaminación de agua dulce

La contaminación, en cualquiera de sus formas, daña al medio ambiente. Pero cuando peligrosos productos químicos son derramados dentro de un lago o un río, la vida acuática no tiene escapatoria. Esto sucedió en el río Rhin, en Europa, en 1986.

Las riberas de los ríos y lagos son útiles para los pueblos y ciudades. Muchas fábricas también se han establecido a lo largo de los ríos, donde el agua es utilizada para lavar y limpiar, para los procesos químicos y para la transportación. En el pasado, cualquier desecho era arrojado al río, causando a menudo terribles efectos sobre la ecología y la vida silvestre. En la actualidad, mejores leyes y un mayor número de regulaciones han mejorado de manera gradual para proteger el ambiente local. Pero los accidentes suceden...

El 1 de noviembre de 1986, un incendio se inició en un almacén de la empresa química Sandoz, en Schweizerhalle, al noreste de Suiza. Se desconoce el origen del incendio, pero el resultado del fuego y de la lucha contra éste, fue una mortal mezcla de 30 toneladas (27 toneladas métricas) de químicos concentrados que fueron arrojados al Rhin. Éstos incluían una variedad de insecticidas y otros pesticidas, así como mercurio y tinturas que tiñeron el agua. A los pobladores se les instó a quedarse en casa. Muy pronto, los peces muertos flotaban en la superficie. Los químicos fluyeron hacia el norte por el río a lo largo de Alemania. Estaban diseñados para matar moscas, ácaros y otras plagas de cultivo; pero eran tan potentes, que dañaron a los peces, los crustáceos, los caracoles acuáticos, los gusanos y los pájaros acuáticos a lo largo de por lo menos 160 kilómetros (100 millas). Al río le tomó varios años recuperarse.

La ciencia de la contaminación de agua dulce

La contaminación se introduce en los riachuelos, los ríos, las albercas y los lagos proveniente de muchas fuentes. Una vez que se localiza en un lago o en un río de baja corriente, puede permanecer ahí por semanas y meses. Incluso si sólo afecta a algunas formas de vida, por ejemplo, los insectos acuáticos, esto altera el equilibrio natural. Los animales que se alimentan de insectos mueren de hambre o absorben los químicos que están en los cuerpos de sus presas, y ellos mismos comienzan a padecer.

Derrames provenientes de fábricas, refinerías de petróleo y de instalaciones petroleras

La lluvia lava los fertilizantes y pesticidas de las tierras de cultivo

Desechos industriales provenientes de las fábricas de papel y de las plantas químicas

Desechos tóxicos proveniente de minas y canteras

Aguas residuales no tratadas provenientes de las ciudades

Lluvia ácida

Los vientos, las nubes y la lluvia no se detienen en los límites de un país. La lluvia ácida ha sido una de las formas de contaminación ecológica más extendida y dañina durante el pasado siglo. Se han introducido algunos controles, pero no los suficientes.

La vida moderna depende de la quema de enormes cantidades de carbón, aceite, gas natural y otros **combustibles fósiles** en toda clase de hogueras, hornos, máquinas y motores. Al igual que la liberación de gases invernadero, otras sustancias contaminantes incluyen los químicos como dióxido de azufre y diversos óxidos de nitrógeno. Estos son esparcidos por el viento, se disuelven en las nubes y finalmente caen en forma de lluvia ácida. Cuando el agua de lluvia penetra el suelo y las vías fluviales, ésta provoca enormes problemas ambientales. Daña árboles y otras plantas al ser absorbidos de la tierra a través de sus raíces, así como al caer directamente sobre sus hojas. También daña la vida acuática, como peces y crustáceos. Algunas especies son especialmente sensibles, tales como las píceas y los árboles de maple, las truchas de arroyo y los caracoles acuáticos. No sólo la vida silvestre padece. En las ciudades, la lluvia ácida desgasta las rocas, los ladrillos y el metal en las estatuas, los techos, las paredes y otras estructuras.

Debido a los patrones del viento, esta silenciosa amenaza puede provocar estragos lejos de la fuente de contaminación. Por ejemplo, las fábricas, las plantas de energía y los vehículos atestados de gente en los centros industriales de Europa llevan lluvia ácida sobre una extensión de 1 600 kilómetros (1 000 millas) al este, a los lejanos bosques de Polonia, Bielorrusia y Ucrania. Los árboles pierden sus hojas, los peces muertos flotan en el agua y el daño permanece por años.

La ciencia de la lluvia ácida

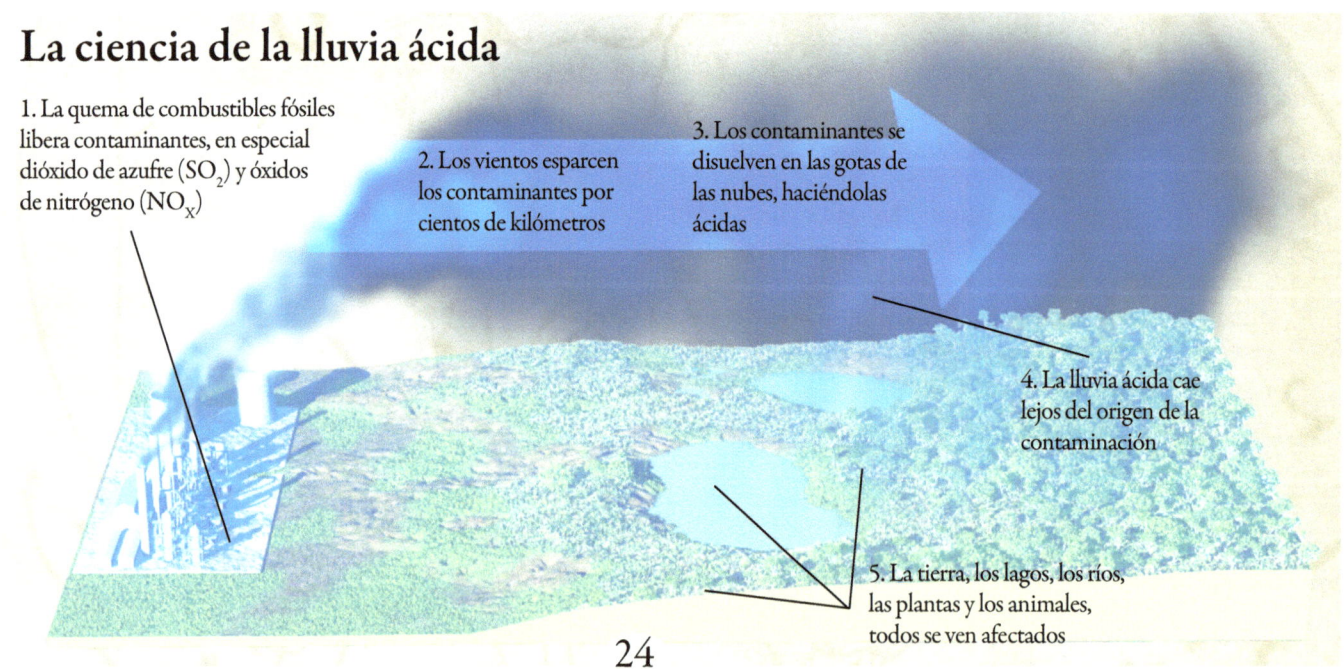

1. La quema de combustibles fósiles libera contaminantes, en especial dióxido de azufre (SO_2) y óxidos de nitrógeno (NO_X)

2. Los vientos esparcen los contaminantes por cientos de kilómetros

3. Los contaminantes se disuelven en las gotas de las nubes, haciéndolas ácidas

4. La lluvia ácida cae lejos del origen de la contaminación

5. La tierra, los lagos, los ríos, las plantas y los animales, todos se ven afectados

24

La lluvia ácida envenena los bosques de coníferas y los lagos en Polonia, lejos de la fuente de contaminación. (Representación del artista)

El dióxido de azufre y diversos óxidos de nitrógeno provenientes de la quema de combustible fósil, flotan en el aire y son esparcidos por el viento. Al encontrarse con las diminutas gotas de agua en las nubes, los químicos se disuelven hasta convertir el agua en formas débiles de ácido sulfúrico y ácido nítrico. Las gotitas finalmente caen en forma de lluvia ácida, quizá más lejos. Esto penetra en el suelo, los ríos y los lagos, dañando a muchos organismos vivos.

Contaminación del aire

Al igual que la tierra y el agua, el aire recibe todo tipo de sustancias contaminantes. Diversos tipos de humo, neblinas y nubes eclipsan al sol y hacen difícil la respiración. La mayor en su tipo es la nube asiática marrón, la cual puede permanecer en la atmósfera durante tres meses.

Los gases de un vehículo o el fuego del carbón en un hogar parecerían no añadir mucho a la atmósfera; sin embargo, miles de millones producen verdaderos problemas. Uno de estos gases es el esmog (humo + neblina) sobre las grandes ciudades en un clima soleado y tranquilo. La luz solar actúa sobre los químicos como los óxidos de nitrógeno, producidos esencialmente por los motores de los autos, así como en la generación de electricidad y las fábricas abastecidas por carbón y petróleo. El resultado es una niebla flotante de diminutas partículas y sustancias como óxidos, nitratos, aldehídos y ozono (véase la siguiente página). En el cuerpo humano, éstos provocan ojos llorosos y secreción en la nariz, problemas respiratorios y una baja resistencia a las enfermedades. Los animales y las plantas también se ven afectados.

A partir de los años 90, las fotografías satelitales mostraban una extensa "mancha" marrón en regiones del sur y sureste de Asia. Esta nube marrón asiática o atmosférica es más que esmog. Se

El smog cubre las ciudades asiáticas, eclipsando al sol por semanas con aire rancio y nebuloso. (Representación del artista)

debe a una amplia variedad de contaminación del aire que va desde el humo del tubo de escape de los vehículos hasta la quema de bosques e, incluso, las erupciones volcánicas. La nube se forma al inicio del año, cuando los vientos son suaves y hay poca lluvia que arrastre las diminutas partículas sueltas. Puede permanecer por más de tres meses, cambiando sólo ligeramente. También parece volverse más intensa cada tres o cuatro años, siendo más pequeña y menos densa entre esos años. Los países de la región, como Pakistán, la India, China, Tailandia e Indonesia pretenden desarrollar su industria, generar más energía y llenar nuevas carreteras con nuevos vehículos, por lo que la nube marrón podría hacerse más extensa y espesa en el futuro e, incluso, afectar el clima, la temperatura y las lluvias.

La ciencia de la contaminación del aire

Casi cualquier tipo de quema —ya sea de madera y carbón o de combustibles en motores, hornos, fábricas y generadores de energía— arroja gases y partículas al aire. En algunas regiones del sureste de Asia, los enormes incendios forestales comienzan de manera accidental o forman parte de la quema o tala del bosque tropical para fines de construcción o agricultura (como se explicó anteriormente). La misma región cuenta con volcanes activos que pueden lanzar enormes cantidades de ceniza y vapores al hacer erupción, agregándose a la contaminación natural del aire las fuentes creadas por el hombre.

Los volcanes hacen erupción y emiten ceniza y vapores

Los incendios forestales pueden ser fuegos naturales sin control o deliberados, para limpiar los terrenos

La industria y los generadores de energía originan contaminación

Los granjeros limpian el terreno a través de métodos de tala y quema

Los vehículos, los edificios y las fábricas en las ciudades emiten humo, gases, hollín y otras partículas

La mina de carbón arroja gases

Los transbordadores espaciales, como el Atlantis, *han ayudado a medir la debilitada capa de ozono alrededor del mundo. Los "hoyos" podrían repararse para el año 2100. (Representación del artista)*

Reducción de la capa de ozono

Agujero en la capa de ozono, Antártida, de los años 80 en adelante

El ozono protege la vida en la Tierra contra los peligrosos rayos ultravioleta provenientes del Sol. La disminución o debilitamiento de la capa de ozono, debida a la contaminación atmosférica causada por los químicos creados por el hombre, como los CFC, es un grave riesgo.

El ozono es un gas natural que se encuentra a una gran altura en la atmósfera. Cada partícula o molécula tiene tres átomos de oxígeno, O_3 —uno más que la forma común del oxígeno: O_2. La capa de ozono es como un escudo que absorbe y elimina la energía ultravioleta del Sol antes de que alcance la superficie. Esto es vital, ya que el exceso de rayos ultravioleta daña enormemente a los organismos vivos.

En 1985, una carencia o reducción de la capa de ozono se descubrió sobre la Antártida. No se trata en realidad de un "agujero de la capa ozono", sino de un debilitamiento de la capa, principalmente durante el invierno y la primavera. Otras áreas de debilitamiento se localizaron sobre el Ártico y otras regiones. El problema se debía principalmente a los químicos llamados clorofluorocarbonos (CFC), que se utilizan básicamente para equipo de enfriamiento y refrigeración. Cuando los CFC se escaparon o fueron liberados, penetraron la atmósfera y se desintegraron ante la luz solar. Esto liberó átomos de cloro, cada uno capaz de romper cien mil moléculas de ozono. El riesgo era que una mayor energía ultravioleta llegara a la superficie, dañando la vida silvestre, los cultivos, a los animales y a la gente. Los efectos conocidos incluyen el cáncer de piel, daño ocular, malas cosechas, así como la destrucción del plancton, lo que alteraría enormemente la ecología de los océanos. Las leyes internacionales están ayudando a controlar el problema.

La ciencia de la reducción de la capa de ozono

La mayor parte del ozono se encuentra de 20 a 40 kilómetros (12 a 25 millas) de altura, mezclado con otros gases de la atmósfera, principalmente nitrógeno y oxígeno. El ozono es creado cuando los rayos de energía del sol, especialmente los ultravioleta, rompen la molécula de oxígeno, permitiendo que un átomo de oxígeno se una a otra molécula de oxígeno. Cuando esto sucede, el ozono absorbe o atrae casi toda la energía ultravioleta. Cuando los CFC destruyen el ozono, también eliminan su capacidad de protección contra los rayos ultravioleta.

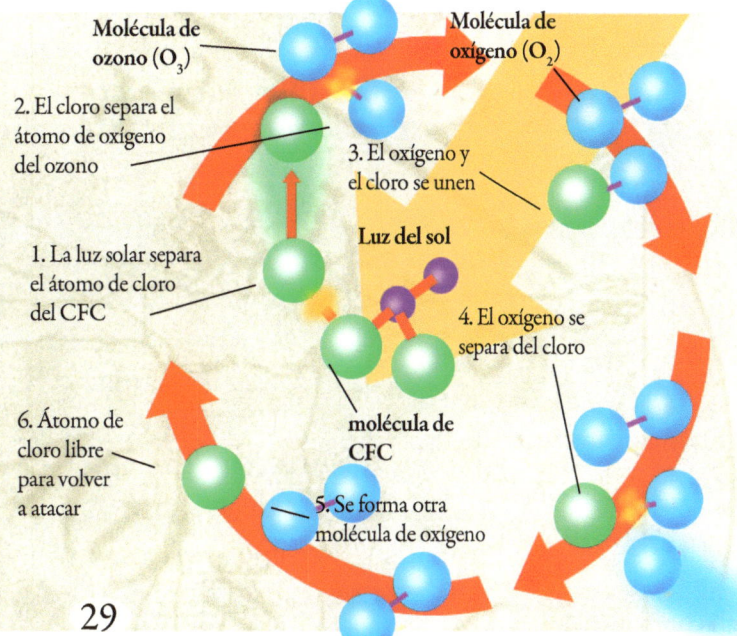

Molécula de ozono (O_3)

Molécula de oxígeno (O_2)

2. El cloro separa el átomo de oxígeno del ozono

3. El oxígeno y el cloro se unen

Luz del sol

1. La luz solar separa el átomo de cloro del CFC

4. El oxígeno se separa del cloro

6. Átomo de cloro libre para volver a atacar

molécula de CFC

5. Se forma otra molécula de oxígeno

29

Mapamundi de desastres

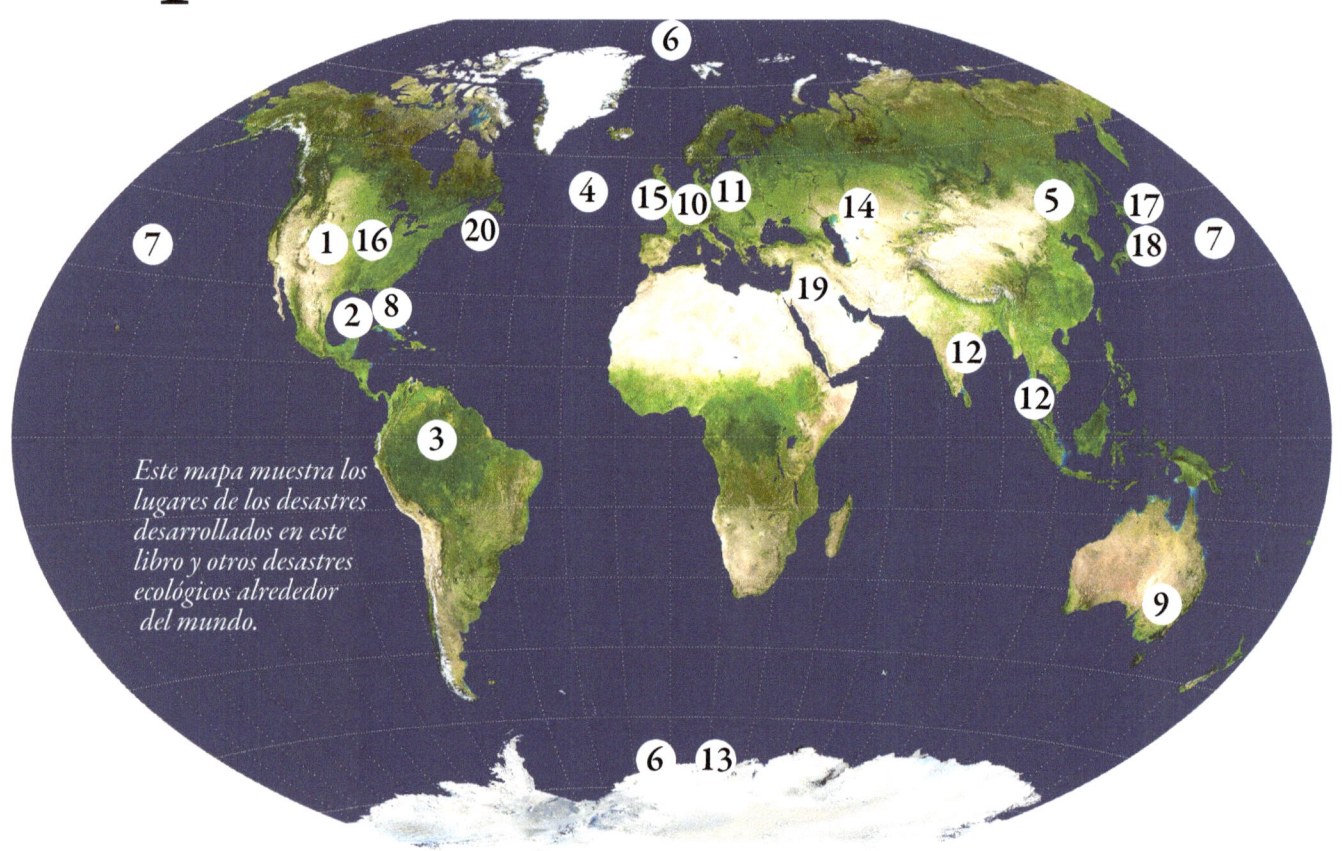

Este mapa muestra los lugares de los desastres desarrollados en este libro y otros desastres ecológicos alrededor del mundo.

1. Tormenta de polvo, grandes planicies de Norteamérica, década de los años 30.

2. Derrame de petróleo del *Deepwater Horizon*, Golfo de México, 2010.

3. Deforestación de la Selva Amazónica, Brasil, de los años 70 en adelante.

4. Sobrepesca del atún aleta azul, Septentrional, Atlántico Norte, de los años 70 en adelante.

5. Gran hambruna china, 1958-1962.

6. Capas de hielo del Ártico y de la Antártida en proceso de derretimiento.

7. Gran parche de basura en el Pacífico Norte de 1988 en adelante.

8. Proliferación de algas y muerte de ciento siete delfines, Golfo de México, 2004.

9. Los conejos como una especie invasora, Australia, del siglo XIX en adelante.

10. Derrame de sustancias químicas, Alemania, 1986.

11. Lluvia ácida y bosques en proceso de extinción, Polonia, década de los años 90.

12. Nube asiática marrón, desde los años 90.

13. Reducción de la capa de ozono, Antártida, de los años 80 en adelante.

14. Reducción del Mar de Aral, Kazajistán, de los años 60 en adelante.

15. Gran Niebla, Reino Unido, 1952.

16. Derrame de fango de carbón en Tennessee, Estados Unidos, 2008.

17. Accidente nuclear en Fukushima I, Japón, 2011.

18. Enfermedad de Minamata, Japón, década de los años 50 y 60.

19. Quema de petróleo kuwaití, 1991.

20. Estanques de alquitrán en Sydney, Nueva Escocia, Canadá, siglo XX.

Glosario

cadena alimenticia. La serie de vínculos alimenticios en la cual una planta es devorada por un animal que, a su vez, es devorado por otro animal y así sucesivamente.

captura incidental. Organismos vivos atrapados o capturados de manera accidental, como en las redes de pesca, y que no son el objetivo principal.

combustibles fósiles. Combustibles que son quemados para la obtención de energía y que provienen de restos fosilizados (preservados) de organismos anteriormente con vida. Las formas principales son carbón, combustible (petróleo) y gas natural.

control biológico. Utilizar cierto tipo de organismo vivo para controlar o limitar el número de otro, como un depredador que es introducido para comerse una presa que resulta ser una especie invasora.

ecología. La manera en que los animales, las plantas y otros seres vivos subsisten e interactúan en su hábitat o entorno, "cómo trabaja la naturaleza".

ecosistema. Un particular tipo de entorno o hábitat estudiado desde el punto de vista de su ecología y de la forma en que sus animales, plantas, suelo, aire, rocas y otros entornos se interrelacionan e interactúan.

efecto Coriolis. La desviación angular o sesgada en los objetos en movimiento debido a la diaria rotación de la Tierra.

escorrentia agrícola. Productos químicos tales como pesticidas y fertilizantes arrastrados por la lluvia a lo largo del suelo al interior de ríos, lagos y el mar.

gases invernadero. Gases que incrementan el efecto invernadero y provocan que se eleve la temperatura de la Tierra.

GPS. Global Positioning System, una red de satélites orbitales que nos permite precisar nuestra posición en cualquier punto sobre la Tierra.

hábitat. Un tipo especial de alojamiento o de entorno, como una laguna, un río, un desierto, un bosque de coníferas o una playa.

inflamable. Capaz de arder o incendiarse con facilidad.

punto caliente de biodiversidad. Un área con una muy amplia gama o variedad de organismos vivos.

red alimenticia. La manera en que las cadenas alimenticias se vinculan entre sí, cuando animales de distintas especies se alimentan de diferentes tipos de alimentos.

rotación de cultivo. Sembrar diferentes cosechas cada año y a veces ninguna, para conservar la calidad de la tierra y de sus nutrientes.

sonar. Ondas sonoras que son detectadas y analizadas para mostrar la distancia y la dirección de los objetos que las emitieron o reflejaron.

tóxico. Dañino o nocivo para los seres vivos.

Desastres ecológicos, de Steve Parker y David West,
fue impreso y terminado en julio de 2013
en Encuadernaciones Maguntis, Iztapalapa,
México, D. F. Teléfono: 5640 9062.

www.ingramcontent.com/pod-product-compliance
Lightning Source LLC
Chambersburg PA
CBHW060806290526
45792CB00005BA/1547